# Venciendo los obstáculos de la vida

El arte del esfuerzo y la perseverancia

## Phillip A. Johansen

### Editorial Anuket

**Contenido:**

**Prólogo**

Para comenzar este apasionante tema, me gustaría regalarte un hermoso cuento budista sobre los obstáculos de la vida, llamado "El desafío".

"Hace mucho, un anciano campesino, harto de tener que sufrir para proteger su campo de las tormentas o la sequía, decidió hablar con Dios:
— Escúchame, Dios, necesito pedirte algo.
—¿Qué quieres? – respondió Él.
— Estoy cansado de trabajar cada día el campo y perder muchas veces la cosecha de trigo por culpa de una tormenta o una despiadada ola de sequía. La gente termina pasando hambre... Tal vez no sepas como yo, que soy campesino, cómo debe ser el tiempo para una exitosa producción. Deja que yo decida durante un año y verás cómo desaparecen la pobreza y el hambre.
Dios le miró compasivo y asintió.
— De acuerdo, acepto el reto. Tú me dirás durante un año cómo quieres que sea el clima perfecto para el campo.
Y así fue: durante un año entero, el campesino iba pidiendo sol o lluvia según lo deseaba. Y todo fue muy tranquilo. Apenas tuvo que trabajar y en primavera, justo un año después, fue a hablar con Dios. El trigo había crecido mucho, más que ningún otro año, y el campesino estaba orgulloso:
— ¿Ves cómo tenía razón? – dijo el anciano-. El trigo está tan alto que tendremos alimento para varios años.
— Ya veo -respondió Dios- Cierto, ha crecido mucho. Pero... ¿Te has asegurado de que los granos sean buenos?
El campesino tomó entonces un grano de trigo y lo abrió. ¡Estaba vacío!

—¿Cómo es posible? – preguntó alarmado el campesino.

—Sin obstáculos, es imposible crecer. Sin desafíos, sin tormentas, truenos o granizo, el trigo no se fortalece. Le pusiste todo tan fácil, que el trigo creció sin alma, vacío...

El campesino entonces lo entendió todo".

Sí, los desafíos en la vida son necesarios, también el esfuerzo y la perseverancia, porque en definitiva son los que nos ayudan a madurar y a crecer como personas.

No se consigue ningún logro sin desafíos: Un atleta que gana una carrera saborea la miel del triunfo porque antes de conseguirlo tuvo que superar un arduo entrenamiento plagado de errores y correcciones, y por supuesto, varias derrotas en anteriores competencias. La vida es una carrera de obstáculos, de caídas y frustraciones que nos ayudan a madurar, crecer, mejorar y a superarnos cada día.

El alma del trigo es tu esencia: Cuando en este relato se habla del alma del trigo, se usa de forma metafórica para hablar de nuestro interior. Nosotros somos en definitiva como ese trigo y al igual que él, necesitamos el imprevisto de una tormenta que nos mantenga alerta, la dureza de un granizo que nos haga más fuertes y resistentes, o la intensa sequía que nos ayuda a incentivar el ingenio. Sobrevivir es eso, en definitiva: esforzarse, perseverar, sobreponerse a un revés, caerse y levantarse una y mil veces. Si no hubiera obstáculos, nos pasaría como al trigo, y todos terminaríamos acomodándonos hasta el punto de vaciarnos del todo.

Los obstáculos nos hacen fuertes: No se trata de querer sufrir, pero es cierto que las pruebas y los obstáculos que encontramos por el camino de la vida, nos hacen recilientes y van llenando nuestro interior de sabiduría. De todo ello aprendemos y con todo ello nos modelamos. Debemos aprender a valorar la vida haciendo frente a las dificultades que implica vivir.

# Capítulo 1
# Esfuerzo,
# perseverancia y persistencia

La perseverancia es una cualidad humana que se refiere a la capacidad de no rendirse, de mantenerse comprometido con una meta específica acordada y de continuar sin interrupción, independientemente de las dificultades, sentimientos y emociones.

Tomemos el siguiente ejemplo: El estudiante se queja constantemente de que no puede aprender sabiduría. El maestro lo convenció de que solo bastaba un "fuerte deseo", pero el alumno no queda convencido. Un día, mientras caminaban por el río, el alumno volvió a iniciar esta conversación y el maestro lo empujó al agua y lo sujetó. Después de un rato, el sabio soltó al joven, y luego que el pupilo se recuperara le preguntó:

—"Cuando estabas bajo el agua, ¿qué es lo que más deseabas?"
—¡Aire! ¿Solo aire!
—¿No hubieras preferido riquezas, salud, poder?
—¡No, Maestro!, solo me faltaba aire en ese momento, nada más.
—Pues, si deseas sabiduría con la fuerza con que deseabas el aire, tendrás sabiduría.

La perseverancia es la inmunidad al ruido, es la capacidad de soportar las fallas "aquí y ahora". El boxeador muestra resistencia, trata de resistir los fuertes golpes del oponente y los ataques en la ofensiva. El equipo de fútbol pierde, pero solo quieren ganar. Demuestra agudeza y anota los dos goles necesarios dentro de los tres minutos de la prórroga. Hemingway reescribió su libro "¡Adiós a las armas!" 39 veces hasta que finalmente le empezó a gustar. En otras palabras, la perseverancia significa la aplicación de un esfuerzo de voluntad fuerte para lograr una meta específica y cercana. La perseverancia se sostiene cuando algo no funciona para una persona, pero lo repite intento tras intento, trata de hacerlo una y otra vez, pero en el modo aquí y ahora. El corredor de maratón, a pesar de la fatiga salvaje, enciende un "segundo aire" y, con su perseverancia, llega primero a la meta.

La perseverancia y la persistencia son dos conceptos relacionados pero distintos que se utilizan para describir actitudes y comportamientos para lograr objetivos. Aunque a menudo se usan indistintamente, existen ligeras diferencias entre los dos términos. **La perseverancia** es la capacidad de perseverar o continuar esforzándose a pesar de los obstáculos, dificultades o contratiempos que puedan presentarse en el logro de una meta. Significa una actitud a la que no es fácil renunciar, una fuerte voluntad de alcanzar la meta incluso cuando las cosas son difíciles.

Por otro lado, **la persistencia** se refiere a la capacidad de realizar una acción o perseguir una meta de manera consistente. Significa avanzar diligentemente y no retroceder o desviarse fácilmente de las tareas u objetivos establecidos. La persistencia significa dedicación continua y voluntad de trabajar duro **a lo largo del tiempo** para lograr una meta, sin importar cuánto tiempo o energía tome. En pocas palabras, la mayor diferencia entre la perseverancia y la persistencia **es el tiempo**. La perseverancia se enfoca más en la **actitud mental y emocional** de no rendirse ante la adversidad, mientras que la persistencia se enfoca en la **acción constante** para alcanzar una meta.

Ambos conceptos son valiosos y pueden ser necesarios para el éxito en cualquier ámbito de la vida. La perseverancia te ayuda a superar los desafíos y a mantenerte motivado, mientras que la persistencia te asegura que hagas el esfuerzo necesario para lograr los objetivos deseados. Ambas trabajan juntas para ayudar a las personas a lograr grandes cosas y superar los obstáculos importantes.

No hay duda de que Thomas Edison fue un genio persistente. Después de innumerables experimentos, nunca perdió el equilibrio debido a una falla. Cuando un amigo trató de consolar a Edison después de no poder encontrar una bombilla eficiente tras cientos de intentos, el genio respondió: "No hubo errores. Solo descubrí cientos de formas en que no funcionaron". Más tarde, cuando se le preguntó cómo le había afectado su creciente sordera, respondió: "Ahora me resulta más fácil concentrarme".

**Tenacidad y perseverancia**

La tenacidad y la perseverancia son rasgos de personalidad muy importantes y muy fuertes que ayudan a una persona a lograr el éxito y la victoria. Incluso puede decir que, si eres tenaz y lo suficientemente perseverante, entonces ya es un gran éxito para ti y puedes estar orgulloso de ello. Pero en la mayoría de los casos, muchas personas no son lo suficientemente tenaces y perseverantes y, a menudo, ceden ante las dificultades y, por lo tanto, se privan de la oportunidad de lograr más en la vida al rendirse, encogerse y fallar en lugar de insistir y ganar. Por lo tanto, estas cualidades deben ser cultivadas y poseídas por toda persona que se precie.

Este libro te ayudará a hacer precisamente eso. Asegúrate de leer hasta el final y aprenderás cómo volverte más "terco" y perseverante, convirtiéndote así en una persona con un espíritu y una actitud de vida más fuerte, siempre lista para ir hasta los finales amargos o dulces. Siendo una persona espiritualmente fuerte, definitivamente lograrás un gran éxito en la vida.

La tenacidad es un rasgo de la personalidad que refleja la capacidad de una persona para lograr una meta inmediata y específica a pesar de los obstáculos y contratiempos; es la lealtad a la meta inmediata de uno, pase lo que pase. Esto significa muestra resiliencia ante el fracaso en el "aquí y ahora" de la vida.

Las personas duras son desinhibidas y pueden mostrar carácter para resolver los problemas que enfrentan. Por ejemplo, necesitan hacer algo importante para ellos ahora o en un futuro próximo. Quizás pienses que esta no es una tarea fácil, ya que está asociada a diversas dificultades y problemas que no sabes cómo resolver. Puede, que tal vez no lo quieras hacer debido a varios problemas, o no te atrevas a hacerlo, entonces tu tenacidad no es lo suficientemente fuerte. Pero si eres una persona testaruda, sin importar los problemas y dificultades que enfrentes, harás bien tu trabajo a toda costa.

También se debe tener en cuenta que, si bien es bueno ser obstinado en el trabajo, nunca es bueno quedarse con algo en lo que se sigue fallando. Ya decía Albert Einstein: "Ningún problema puede ser resuelto en el mismo nivel de conciencia que se lo creó"; definitivamente debes buscar en otro lado la respuesta adecuada para el éxito, pero... nunca detenerte ni darte por vencido. Aquí es muy importante no confundir la perseverancia con la terquedad, porque la terquedad no permite que una persona sea flexible para resolver ciertas tareas que se le presentan, la obstinación obliga a una persona a pisar el mismo rastrillo, mientras que la perseverancia hace que una persona busque una oportunidad para pasar por alto este rastrillo. Por lo tanto, una persona obstinada hace esfuerzos de voluntad fuerte y supera las dificultades encontradas para lograr un objetivo cercano específico importante para él. Una persona hace un intento tras otro, intenta una y otra vez hacer lo que necesita, pero al mismo tiempo todo esto sucede en el modo aquí y ahora.

Una persona tenaz no dudará, avanzará hacia su propia meta y no se rendirá ante las diversas dificultades y obstáculos que se presenten en el camino. Por ejemplo, si quieres volverte rico, la tarea que debes hacer no es una, ni dos, ni siquiera diez, sino tantas tareas como sean necesarias y posibles. Dicho esto, debes estar bien educado, debes comprender cómo las personas se enriquecen en general y debes intentar cualquier medio necesario para tener éxito en esta o aquella industria que te hará ganar mucho dinero. En otras palabras, para lograr el objetivo distante, debes abordar muchas tareas diferentes mientras logras el objetivo cercano, y para lograr este objetivo, como se mencionó anteriormente, debes ser persistente. Entonces resulta que al mostrar perseverancia y alcanzar la meta inmediata para avanzar hacia la meta más distante e importante, una persona muestra perseverancia.

Ahora que tú y yo sabemos lo que es la tenacidad y la perseverancia, pensemos por qué necesitamos estas cualidades y cómo podemos beneficiarnos de ellas.

Todos tenemos algunos deseos en la vida, todos queremos algo y todos necesitamos algo. Para realizar nuestros deseos y satisfacer nuestras necesidades, debemos hacer ciertos esfuerzos, debemos mostrar fuerza de voluntad, hacer ciertos sacrificios, trabajar para lograr algo y conseguir algo, porque nada en esta vida se hace por sí solo. Sin tenacidad, sin perseverancia, es difícil tener éxito en esta vida, es difícil formar un carácter fuerte e inflexible y es absolutamente imposible ser un ganador, porque estas cualidades son necesarias para la victoria.

Nuestros deseos requieren de nuestra perseverancia y persistencia, y la vida misma requiere estas cualidades en nosotros, porque sin ellas ni siquiera podemos sentirnos plenamente humanos. Si no somos lo suficientemente persistentes y obstinados en nuestras vidas, si nos rendimos al primer aliento, no podemos llamarnos humanos y nuestras posibilidades de éxito decaen visiblemente. El hombre es un ser poderoso que puede lograr sus objetivos en cualquier situación.

Está en la naturaleza humana navegar rio arriba como el salmón. También necesitamos entender que la vida consiste en muchos problemas y errores que estamos obligados a enfrentar todo el tiempo. Si no aprendemos a perseverar lo suficiente, no seremos capaces de manejar ni los problemas más pequeños, ni cometeremos los errores para obtener la experiencia que necesitamos. Entonces nunca obtendremos una satisfacción completa de nuestra vida, porque no lograremos nada significativo en ella.

Si queremos ser felices, no debemos ceder ante los problemas, no tener miedo a los errores, porque los problemas y los errores en este mundo no se pueden ocultar. Como dije, son parte de nuestra existencia. Por lo tanto, no solo se necesitan personas que tengan las cualidades de metas grandes y ambiciosas y perseverancia, sino que todos las necesitamos, independientemente de nuestras perspectivas y planes de vida.

Ahora que sabemos por qué necesitamos claridad y perseverancia, debemos hacernos estas preguntas muy importantes: ¿Cómo podemos desarrollar estas cualidades dentro de nosotros mismos? Esto sí que es un asunto muy serio. Después de todo, una cosa es estar de acuerdo en que necesitamos desarrollar ciertas cualidades y otra muy distinta es desarrollarlas. A veces, la comprensión y el acuerdo no son suficientes, también se necesita un fuerte deseo emocional para que las personas hagan lo que deben hacer. Para ser tercos y persistentes, tenemos que hacer mucho, porque estas cualidades no nacen en muchas personas, lo que significa que no es tan fácil para nosotros desarrollarlas. Pero definitivamente se pueden lograr, porque está comprobado que muchos lo han hecho y se encuentran en el tope de la pirámide de la felicidad y del poder.

No puedes desarrollar lo que no tienes. Puedes desarrollar lo que ya tienes, pero lo que no tienes, lo tienes que adquirir y luego desarrollar. Pero amigo lector, la verdad es que las cualidades que estamos considerando se encuentran en todos nosotros. Para su desarrollo, sólo es necesario despertar estas cualidades en sí mismos y utilizarlas. Estamos vivos solo porque nuestros ancestros demostraron suficiente inteligencia y persistencia para su supervivencia y la nuestra. Estos rasgos están en nuestros genes, no tenemos que adquirirlos. Pero ¿cómo hacerlo específicamente?, lo descubriremos a continuación.

Para ser una persona terca y persistente, una persona con carácter, paciencia, resistencia, disciplina, determinación, trabajador duro, tienes que decidir por qué necesitas todas estas cualidades. Dicho esto, debes concentrarte en tus deseos, necesidades y cualquier cosa en tu vida que no te guste por alguna razón, que te haga sentir incómodo y que estés tratando de arreglar. Debes experimentar una necesidad desesperada de cualidades que debes adquirir en esta vida para conseguir lo que quieres y tener todas tus necesidades satisfechas.

Verás, a nuestro cerebro no le gusta mucho trabajar, al igual que a todo nuestro cuerpo, así que tenemos que convencerlo de que realmente necesitamos hacer lo que vamos a hacer, para que nos obligue a hacer lo que necesitamos hacer. El cerebro tiende a dudar de la necesidad de hacer algo difícil para nuestro cuerpo y para él en particular, por lo que a menudo se hace la pregunta: ¿por qué debería hacerlo?

Primero debes explícate a ti mismo la necesidad de lo que vas a hacer antes de hacerlo, para entender qué y por qué lo debes hacer. Debes comprender lo que obtendrás si te comportas como una persona terca y persistente, si te esfuerzas, si tomas las riendas de tu vida.

Por cierto, ¿hay algo que hacer, algo por lo que luchar en esta vida? ¿Quieres cambiarte a ti mismo y/o tu vida? Si no, entonces realmente no necesitas ser terco y persistente; si todo funciona para ti, entonces no necesitas estar nervioso. Deja todo como está. Entiendes lo que te estoy diciendo Necesitas un propósito en la vida, un propósito serio y ambicioso. Fíjate una meta que te ponga la piel de gallina con solo pensarlo y que te entusiasme. Luego explícate a ti mismo: ¿Por qué quieres lograr este objetivo? No necesitas mirar a otras personas, usa tu cabeza para pensar en lo que necesitas y por qué lo necesitas. En lugar de dudar de la posibilidad de lograr este objetivo y guardar todas las decepciones para más adelante, date una respuesta clara: ¿Por qué necesito lograr este objetivo?

Es muy importante que sus metas sean muy específicas, medibles, limitadas en el tiempo y expresadas de manera positiva. Bueno, en mi opinión, es claro que objetivamente tu meta debe ser alcanzable, es decir, no puede ser absurda, debe estar dentro de los límites de las capacidades humanas, de lo contrario, con el tiempo, realmente dudas de la realización de tus posibilidades. Por lo general, no intentes hacer cosas estúpidas como tratar de ser Dios. Después de haber definido tu objetivo y respondido a la pregunta "¿Por qué necesito lograrlo?", necesitas descubrir cómo lograrlo. Para hacer esto, debes preparar un plan de implementación detallado.

Al desarrollar este plan, es importante describir diferentes métodos para que puedas hacer el trabajo necesario, que, a su vez, si es posible, no debe ser demasiado aburrido y rutinario, para no causarte fatiga y monotonía. Repito, tu plan debe ser lo más flexible posible para que la tarea concreta que tienes que resolver en un determinado periodo de tiempo pueda resolverse de diferentes formas. Considera diferentes opciones para tus acciones en diferentes situaciones, sé consciente de la posibilidad de que cometerás diferentes errores y anticípate a situaciones en las que fallarás de alguna manera, para que puedas aceptar los errores y fracasos como parte del proceso.

No intentes hacer un plan perfecto donde todo funcione para ti, permítete cometer errores y fallas, prepárate moralmente.

Amigos, es muy importante poder dividir las metas grandes en metas pequeñas, es decir, dividir un camino largo en pequeños segmentos del trayecto que debas recorrer. Si es necesario, puedes pensar en cada paso posterior para no desviarte del camino previsto y no dejar de moverte. Conociendo la diferencia entre perseverancia y persistencia, debes entender que para metas pequeñas necesitarás persistencia, y para recorrer todo el camino de principio a fin, permitiéndote alcanzar tu meta principal y grande, necesitarás perseverancia. Por lo tanto, divide todas tus metas en acciones que, gracias a la perseverancia de este enfoque, podrás realizar.

**Resistencia y paciencia**: eso es lo que necesitas para no apresurarte y abandonar, y, por otra parte, para manifestar estas cualidades, debemos permanecer tranquilos y relajados.

Estimado lector, es muy importante que una persona sea activa, no solo para no perder la fe en su objetivo y extinguir así su deseo de lograrlo, sino también para no dejar que sus cualidades negativas, como la pereza, el miedo, la inseguridad, y la irresponsabilidad, tomen el relevo sobre las cualidades positivas que formas, es decir, sobre la perseverancia, la persistencia, la paciencia, la disciplina, la responsabilidad y otras cualidades útiles.

La relajación es mala para nosotros, porque nos acostumbramos demasiado rápido a las cosas buenas, y siempre necesitamos saber la medida en todo. Desafortunadamente para muchos de nosotros, a menudo no conocemos esta misma medida y, por lo tanto, habiéndonos relajado, realmente no nos gusta volver a esforzarnos. En general, no te permitas relajarte demasiado y con demasiada frecuencia, de lo contrario te olvidarás de tu objetivo y de las cualidades que desarrollas en ti mismo, luchando por ello.

Es muy importante darse cuenta de esto a medida que desarrollas tu carácter, tu fuerza y resistencia para que no reacciones negativamente a las condiciones difíciles de tu existencia. Tienes que ser inmune a los sentimientos críticos, y definitivamente lo serás. Muchas veces nuestros familiares, amigos, conocidos comienzan a expresarnos dudas de que hayamos elegido el camino de vida adecuado para nosotros. No estoy diciendo que debas ignorarlos por completo, a veces es útil seguir el consejo de otros que pueden ver las cosas desde una perspectiva diferente a la nuestra, y cuyas experiencias pueden ser cualitativamente diferentes. Pero si estas personas te cortan las alas, si no te ayudan, no te dejan volar, no las tomes en serio. Tu inmunidad a las emociones críticas proviene de la indiferencia hacia quienes las producen. ¿Entiendes lo que digo?, si no quieres contagiarte, no te pongas en contacto con personas negativas o problemáticas, o al menos trata de que no te afecten. "No debería haber nadie que no piense que eres una persona fuerte", toma esa actitud y aférrate a ella.

Siempre somos los más criticados por aquellos que no hacen nada, no quieren hacer nada y por lo tanto no logran nada en la vida. ¿Cómo puedes ser serio con alguien que tiene tus actividades como un hueso en la garganta? La respuesta es no. No tienes que aceptarlos. Solo haz lo que quieras e ignora las críticas hirientes e injustificadas. No tiene nada de malo dejar que todos te critiquen, te condenen, se burlen de ti, te pongan rayos en tu rueda. Muchas críticas hacia ti significan que no te estás quedando quieto, y que te seguirás moviendo.

Es importante que no retrocedas ni te des por vencido bajo ninguna circunstancia, incluso si a veces tu perseverancia se vea como terquedad, lo que implica que puedas repetir los mismos fallos; ya lo dice el dicho "El hombre es el único animal que tropieza dos veces con la misma piedra".

Lo principal, amigos, es que ustedes mismos se sientan como una persona fuerte e inflexible que no puede ser quebrantada moralmente. Por lo tanto, trata de llevar siempre hasta el final todas las cosas que has comenzado, para demostrarte a ti mismo que tienes un carácter luchador, que tienes una personalidad fuerte, para que puedas luchar mientras tengas fuerza. Lleva tus asuntos, si no a un final victorioso, si esto es imposible en principio, al menos a su conclusión lógica, para que comprendas que has hecho todo lo que pudiste. La conciencia de una persona absorbe una cierta parte de su experiencia cotidiana, y el subconsciente absorbe todo, y si se convierte en un hábito para ti comenzar y no terminar las cosas, entonces te preparas para una vida de perdedor compulsivo. ¡Recuerden, amigos, una persona persistente nunca se rinde y siempre cumple su palabra!

También me gustaría añadir una cosa más. Entiendo que todas las personas son diferentes y viven en diferentes condiciones, a veces una persona puede vivir en un ambiente tan degenerativo o excesivamente agresivo para él que ningún intento de desarrollar fuertes cualidades en sí mismo puede tener éxito. En tales casos, una persona puede necesitar ayuda externa, que puede recibir tanto de varios especialistas cuyo trabajo está relacionado con personas, por ejemplo, de psicólogos como de buenos amigos. Sin esta ayuda, algunas personas, desafortunadamente, no logran cambiarse a sí mismas y a sus vidas, no logran fortalecerse.

Lo principal es que no pierdas la fe en que tú, como muchas otras personas exitosas, puedes convertirte en una persona "obstinada y persistente" en el logro de cualquiera de tus metas. Es importante que entiendas que puedes, y creo que debes, tener éxito en la vida. Si puedes ayudarte a ti mismo, bien, solo puedo elogiarte y estar feliz por ti. No puedes, está bien, no te preocupes, pide ayuda a los especialistas en los que confíes y hazte más fuerte con su ayuda. Puedes desarrollar cualquier cualidad en ti mismo, esto está dentro de la fuerza de todos.

# Capítulo 2
# La mentalidad de crecimiento

## Mentalidad de crecimiento vs. Mentalidad fija

Nuestra mentalidad es fundamental para la búsqueda del éxito y la felicidad. Dos enfoques distintos son la mentalidad de crecimiento y la mentalidad fija. Estas perspectivas dan forma a cómo enfrentamos desafíos, superamos obstáculos y crecemos como individuos. En este capítulo, echamos un vistazo más profundo a una mentalidad de crecimiento y cómo puede promover el desarrollo personal en lugar de una mentalidad fija que limita nuestro potencial. Exploraremos cómo desarrollarla y aprovechar el poder del cambio continuo.

## El poder de una mentalidad de crecimiento

Una mentalidad de crecimiento se basa en la creencia fundamental de que nuestras habilidades se pueden desarrollar a través del esfuerzo, la práctica y la persistencia. Las personas con mentalidad de crecimiento ven los desafíos como oportunidades para crecer y aprender. Ven los errores y los fracasos como parte del proceso de aprendizaje y están dispuestos a correr riesgos para lograr sus objetivos. Esta mentalidad promueve la resiliencia y la superación de obstáculos porque ven las dificultades como temporales y tratables.

Por otro lado, el pensamiento fijo se caracteriza por la creencia de que nuestras habilidades y talentos son innatos y no se pueden cambiar significativamente. Con una mentalidad fija, tenderás a evitar los desafíos que puedan amenazar tu propia imagen o demostrar que careces de habilidades. Los errores se tratan como fallas personales y se evita cualquier situación que pueda exponer las debilidades. Esta mentalidad limita el crecimiento y nos mantiene atrapados en nuestra zona de confort.

## Desarrollo de una mentalidad de crecimiento

La buena noticia es que podemos desarrollar una mentalidad de crecimiento y desbloquear nuestro potencial para el desarrollo y el éxito personal. Aquí hay algunas estrategias efectivas para adoptar una mentalidad de crecimiento:

**Aceptar el desafío de aprender**: Tienes que ver los desafíos como oportunidades para crecer y aprender. Enfrenta tus miedos y nuevos proyectos con entusiasmo, sabiendo que cada experiencia es una oportunidad para mejorar.

**Cambia tu diálogo interior**: Presta atención a tus pensamientos y palabras. En lugar de decir "No puedo hacerlo", di "Todavía no puedo". Agrega la palabra "todavía" en tu declaración para reconocer que el progreso requiere tiempo y esfuerzo.

**Aprovecha el poder del esfuerzo**: Concéntrate en el proceso y en el esfuerzo, no en los resultados. Aprecia el trabajo duro y la dedicación como determinantes del éxito. Aprende a disfrutar del camino y a apreciar cada pequeño paso adelante.

**Aprende del fracaso**: Cambia tu forma de pensar sobre el fracaso. No lo veas como un signo de incompetencia, sino como un trampolín para el crecimiento. Analiza tus errores, aprende de ellos y ajusta tu enfoque para mejorarlos en el futuro.

**Permítete mantener una mente abierta**: Busca personas que también adopten una mentalidad de crecimiento. Rodéate de aquellos que te inspiren y te desafíen a ser mejor. Aprende de sus experiencias y comparte tus metas y logros para mantenerte motivado. Una mentalidad de crecimiento es un recurso poderoso para el desarrollo personal y el éxito en todas las áreas de la vida. Con una mentalidad de crecimiento, podemos ir más allá de nuestras limitaciones autoimpuestas, asumir desafíos con valentía y esforzarnos constantemente por mejorar. Recuerda que el desarrollo personal no es un destino, sino un viaje continuo. Al desarrollar una mentalidad de crecimiento, podemos desbloquear nuestro potencial ilimitado y lograr un mayor éxito y satisfacción en nuestras vidas.

## El concepto de mentalidad de crecimiento

Carol Dweck, profesora de psicología de la Universidad de Stanford, fue una de las primeras en el mundo en estudiar el componente motivacional de la conciencia humana. Carroll ha discutido la psicología del desarrollo en conferencias en muchas universidades líderes, argumentando que el "pensar" determina nuestras vidas. Pero antes de Dweck, ningún psicólogo destacado había considerado el típico "¡Vamos, puedes!" dicho por los entrenadores deportivos, como objeto de investigación. Se preguntó: ¿realmente se puede controlar la motivación? y, de ser así, ¿cómo? Así nació el concepto de Growth Mindset, o pensamiento de crecimiento.

Esta es una cosmovisión especial que percibe lo que está sucediendo no como una amenaza, sino como una oportunidad de crecimiento, donde el fracaso es un paso adelante, no una razón para la autorreflexión. Una mentalidad de crecimiento también significa educación superior o aprendizaje permanente. La idea es que la vida y el éxito no están determinados por las circunstancias iniciales.

Cualquiera puede aprender cualquier habilidad, pero depende en cierta medida de las cualidades básicas. Por ejemplo, si naces con una "patata" en la oreja, no significa que no puedas desarrollar un oído para escuchar música. Quizás no llegues a cantar ópera, pero puedes ser un músico regular o una estrella de karaoke.

De acuerdo con el concepto de mentalidad de crecimiento, las personas pueden dividirse condicionalmente en aquellas que están acostumbradas a ser autodidactas y aquellas que creen que todas las cualidades son "dadas" por la naturaleza. Las personas con una mentalidad "fija" le temen el fracaso como al fuego, por lo que solo utilizan métodos conocidos y confiables para resolver problemas. Como resultado, no quieren asumir la responsabilidad de nuevas tareas: simplemente no quieren desafiar sus habilidades. Al mismo tiempo, las personas flexibles siempre están listas para fallar, listas para buscar nuevas soluciones y para salir de su zona de confort para su propio desarrollo.

Una mentalidad fija es una mentalidad basada en la creencia de que nuestras personalidades, rasgos, talentos, habilidades e inteligencia son completamente inmutables, dados por la genética: Somos inteligentes o estúpidos; o somos dotados en alguna área (arte, música, deportes, matemáticas, lógica, etc.) o no lo somos. Creen que solo hay un cierto número de personas talentosas en el mundo que son admiradas por el resto. Una mente fija permite afirmaciones como: "Nunca aprenderé a bailar, no importa cuánto lo intente. Soy demasiado torpe" o "Ella tiene una mano especial: todo lo que toca florece", o "No puede freír un huevo sin encender un fuego", etc.

Una mentalidad de crecimiento es exactamente lo contrario y refleja nuestra creencia de que una persona puede hacer cualquier cosa. Con perseverancia y trabajo duro, cualquiera de nosotros puede ser quien quiera ser. No hay personas inteligentes o estúpidas: solo hay quienes han desbloqueado su potencial intelectual, y aquellos que no. No hay dones y genios, solo hay personas trabajadoras que deciden elevar sus habilidades a un nivel superior. No hay necesidad de dar un paso atrás y admirar a nadie; cualquiera puede serlo si siente verdadera pasión por algo y está listo para esforzarse. Cualquiera puede aprender a bailar, cultivar plantas o cocinar.

## Por qué funciona una mentalidad de crecimiento

El grupo de investigadores dirigido por Carol Dweck realizó numerosos experimentos para respaldar el concepto de mentalidad de crecimiento. En uno, dividió a 400 niños en dos grupos y les pidió que resolvieran acertijos simples. Un grupo solo recibió elogios por resolverlos, mientras que el otro grupo recibió elogios por su esfuerzo, sin importar el resultado. En el grupo en el que se enseñó a los niños el valor del resultado, se reforzó una mentalidad fija: solo obtuvieron satisfacción del resultado, no del proceso en sí, y eligieron el rompecabezas más fácil para el siguiente paso. En otro grupo, los niños fueron elogiados por su esfuerzo, se formó el pensamiento flexible, y no se detuvieron allí, asumieron tareas más complejas y trataron de encontrar nuevas formas de resolverlas. Es la mentalidad de crecimiento lo que nos impulsa.

## Cómo cultivar una mentalidad de crecimiento y evolucionar continuamente

• **El cerebro se adapta al ejercicio**. Sin embargo, el desarrollo dentro de un campo no es suficiente, uno debe desafiarse continuamente en nuevas direcciones. La mayoría de las personalidades sobresalientes están desarrolladas de manera integral. El famoso financiero resulta ser un experto en astrofísica y geología, y el destacado científico es un conocedor del arte y la música.

Si el cerebro está constantemente lleno de conocimientos de diferentes campos, el cerebro encontrará soluciones no estándar a los problemas. Como resultado, no solo la mente se ha vuelto flexible, sino que ha surgido un enfoque creativo para los negocios. Esta es la base de la innovación: la capacidad de ver un problema desde una perspectiva diferente que no está al alcance de las personas con una mentalidad fija.

• **Estar abierto a nuevas experiencias**. Deben atraerte los casos únicos y las experiencias desafiantes. Esta es la fórmula para tener un futuro interesante. No importan si no se tienen los conocimientos para una nueva meta; se debe estar predispuesto a comenzar desde cero.

• **No tengas miedo de las cosas nuevas, dales la bienvenida a tu vida**. Estate abierto no solo a la experimentación, sino también a la crítica sana. Si disfrutas el proceso de encontrar soluciones, no estarás buscando la autoafirmación a expensas de la validación social. Por ejemplo, corres un maratón principalmente porque disfrutas el proceso, no porque persigues los "me gusta" en las redes sociales.

• **Analiza tus pensamientos y acciones**. Registra tus sentimientos usando reflexiones o un diario personal, para que puedas controlar tus emociones en lugar de dejarte llevar por ellas. Piensa en los errores del pasado y no los conviertas en tragedias que te lleven a un callejón sin salida. Saca conclusiones, pero no te detengas en tus errores.

• **Desarrolla hábitos positivos**. El ejemplo de la dieta: una persona puede perder peso en un mes y lograr el efecto deseado. Pero no seguir el tratamiento no ayuda, si luego de verificar su logro, va al restaurante de comida rápida más cercano y organiza una fiesta. Por supuesto, una cosa es recompensarse por alcanzar una meta, pero otra muy distinta es dejar de esforzarse. Es necesario tener una actitud inicialmente positiva y un claro interés por los nuevos conocimientos, y los hábitos son excelentes instrumentos para desarrollar la disciplina.

• **Anímate y comete errores**. Puedes escuchar regularmente discursos motivacionales y elogiarte por los resultados anteriores, o puedes trabajar duro, experimentar y seguir adelante. La eficiencia es la base de cualquier motivación. No es suficiente creer que todo saldrá bien, es necesario probar las opciones en la práctica. Es importante entender que se puede inculcar una mentalidad de crecimiento, no es una categoría abstracta o una propiedad innata.

**Hablar en una reunión**. Transmitir tus conocimientos te ayuda a crecer. Si comienzas a compartir tus experiencias con los demás, descubrirás un efecto positivo en ti mismo: toda la información en tu cabeza se vuelve estructurada y clara.

## Pensamientos sobre la crianza de un niño

Las metas de los padres suelen ser universales: queremos que nuestros hijos crezcan para ser adultos felices, sanos y equilibrados que tengan éxito en todo lo que hagan. Haremos todo lo posible para ayudarlos a resolver este problema. Pero muchos de los métodos que usamos para hacer esto en realidad son dañinos para los niños, dicen los expertos. ¡Después de todo, los mensajes que enviamos a nuestros hijos son a menudo lo contrario de nuestras intenciones!

Como habrás adivinado, nuestra mente es el tipo de anteojos a través de los cuales vemos el mundo. Los patrones de pensamiento primarios influyen en todos nuestros pensamientos y acciones.

Las personas de mente fija se consideran capaces en un área u otra, lo que significa que cada pequeño éxito confirma su opinión sobre sí mismo, y cada pequeño fracaso lo experimentan de manera muy dolorosa, lo que socava la confianza en sí mismos. Por lo tanto, sienten la necesidad de verse inteligentes a toda costa. El éxito les hace hincharse de orgullo. Cuando fallan, sucede lo contrario.

En consecuencia, tan pronto como estas personas se encuentran con el fracaso, tratan desesperadamente de encontrar a alguien o algo a quien echarle la culpa de su fracaso, y constantemente ponen excusas. Dado que cualquier éxito o fracaso está muy relacionado con su ambición, las mentalidades fijas tienden a tener un miedo irracional al fracaso y rara vez se arriesgan. A su vez, esto limita el nivel de éxito que potencialmente pueden lograr. Si tienen éxito, el éxito resultante es ganado con mucho esfuerzo y guardado cuidadosamente por ellos.

Las personas con mentalidad de crecimiento creen que el éxito es el resultado del esfuerzo y no del talento en bruto. Por lo tanto, estas personas trabajan duro para crecer y mejorar constantemente. El éxito lo ganan ellos y nunca lo dan por sentado. Por otro lado, ven los fracasos como "efectos secundarios" inevitables de hacer algo. Por lo tanto, tratan los fracasos como oportunidades para mejorar aún más.

Debido a que ven el éxito y el fracaso como eventos separados que no están directamente relacionados con su personalidad, la mentalidad de crecimiento tiende a aceptar el éxito con humildad y a lidiar con el fracaso con gracia.

Las descripciones anteriores prueban claramente que deseamos criar a nuestros hijos con una mentalidad de crecimiento. Como padres, no solo queremos que nuestros hijos tengan éxito ... queremos que disfruten el proceso de tener éxito. También queremos que sean persistentes en lograr y hacer frente a cualquier contratiempo en el camino. Y cuando finalmente logren el éxito, queremos que sientan una sensación de profunda realización y plenitud, sin miedo, paranoia, arrogancia o complacencia crecientes.

No podemos criar a nuestros hijos con una mentalidad de crecimiento a menos que nosotros mismos la tengamos. Obviamente, esta condición es obligatoria, ¿verdad? Es triste, pero algunos de nosotros tenemos una mentalidad intrínsecamente fija. Y si no cambiamos primero nuestra mentalidad, no podremos inculcar una mentalidad de crecimiento en nuestros hijos.

Pregúntate a ti mismo las siguientes preguntas. ¿Alguna vez has observado el comportamiento de tus hijos en términos de qué tan buen padre eres tú? ¿Experimentas dudas sobre ti mismo cuando fallas como padre y alguna persona te da su "visión"? Cuando los niños se portan mal, ¿te dan ganas de "domesticarlos"? ¿Te resulta difícil rechazar la persuasión y buscar formas de motivar a sus hijos?

Bueno, eso es pensamiento fijo en acción. Sin embargo, no estás solo. Nadie nace perfecto. Nadie tiene la mentalidad perfecta.

Entonces, descubrimos que debemos luchar por dos objetivos:
(a) desarrollar una mentalidad de crecimiento en nosotros mismos y
(b) educar una mentalidad de crecimiento en los niños.


Cuatro pasos para desarrollar una mentalidad de crecimiento:

**Paso 1**: Aprende a escuchar la "voz" del pensamiento fijo.
**Paso 2**: Date cuenta de que tienes una opción.
**Paso 3**: Responde a la mentalidad fija con la "voz" de la mentalidad de crecimiento.
**Paso 4**: Comienza a actuar con una mentalidad de crecimiento.

Para poder progresar, primero debemos aprender a identificar el pensamiento fijo en acción. Centrémonos en comprender qué nos impulsa en una situación dada. Y luego ayudaremos a nuestros hijos a darse cuenta de esto siguiendo de manera similar los cuatro pasos sugeridos.

Si sigues los consejos de este capítulo, verás cambios notables en la forma en que tú y tu familia enfrentan el estrés y los contratiempos.

# Capítulo 3
# Superando obstáculos y fracasos

A lo largo de la vida, enfrentamos varios obstáculos y experimentamos fallas en varias áreas. Estas situaciones pueden ser frustrantes y paralizarnos, pero es importante recordar que los obstáculos y contratiempos son una parte inevitable de nuestro camino hacia el éxito y la realización personal. En este capítulo, exploraremos estrategias efectivas para superar la adversidad y los contratiempos, convirtiéndolos en oportunidades invaluables para el crecimiento y el aprendizaje.

## Cambiar de opinión

La forma en que vemos los obstáculos y los errores puede tener un gran impacto en cómo los superamos. No los veas como obstáculos insuperables, sino como oportunidades para fortalecerte y crecer. Cambia tu enfoque hacia el aprendizaje y hacia la mejora continua. Recuerda que cada desafío es una oportunidad para adquirir nuevas habilidades, conocimientos y experiencia.

## Acepta tus sentimientos

Cuando nos enfrentamos a obstáculos y contratiempos, es natural experimentar emociones negativas como la decepción, la tristeza o la ira. Permítete sentir y procesar estas emociones. Sin embargo, evita quedar atrapado en ellos por mucho tiempo. Reconoce tus sentimientos, luego concéntrate en encontrar una solución y seguir adelante. Usa tus emociones como combustible para impulsarte a la acción.

## Analiza la situación

Cuando te encuentres con un obstáculo o cometas errores, tómate un tiempo para analizar la situación y las decisiones adoptadas (lo que sucedió). Visualiza la lección que puedes aprender de esa experiencia. Pregúntate: ¿Qué podría hacer diferente? ¿Qué puedo aprender para evitar situaciones similares en el futuro? Aprender de los errores es fundamental para el crecimiento y el progreso personal.

## Buscar apoyo

No enfrentes los obstáculos y los fracasos solo. Encuentra apoyo en tu red de amigos, familiares o mentores. Compartir tus desafíos con alguien en quien confíes puede darte una perspectiva diferente y aliento. También pueden ofrecerle valiosos consejos o compartir experiencias similares para inspirarte y motivarte a seguir adelante.

## Centrarse en las soluciones

En lugar de quedarte atrapado en la negatividad, concéntrate en encontrar soluciones. Definir claramente el problema y generar ideas creativas para superarlo. Desarrollar un plan de acción con medidas concretas y realistas. Cuando te enfocas en la solución, te vuelves más fuerte y ves que puedes superar cualquier obstáculo o contratiempo.

## Mantener una mentalidad de crecimiento

Adopta una mentalidad de crecimiento y confía en que puedes mejorar y crecer con trabajo duro y persistencia. Enfócate en la mejora personal, no en la perfección. Acepta el fracaso como una oportunidad para aprender y mejorar. Celebra tus éxitos y reconoce los logros, por pequeños que sean, que hayas logrado en el camino para superar los obstáculos.

## Practicar la resistencia

La resiliencia es la capacidad de recuperarse rápidamente de la adversidad. Desarrolla esta habilidad frente a las dificultades y contratiempos. No te dejes derribar, levántate y sigue adelante con determinación. Ve los obstáculos como oportunidades para fortalecerse y aumentar su resiliencia emocional. Recuerda que incluso los momentos más difíciles se pueden superar con perseverancia y una actitud positiva.

## Establecer objetivos claros

Establecer metas claras puede darle dirección y propósito. Divide tus grandes objetivos en objetivos más pequeños y alcanzables. Esto te ayudará a mantenerte enfocado y superar los escollos. A medida que logras cada objetivo, ganas confianza y motivación para asumir desafíos más grandes.

## Practicar el autocuidado

Es importante cuidarse en los momentos difíciles. Dedica tiempo a realizar actividades que te brinden alegría y alivien el estrés. Esto puede incluir actividad física, meditación, pasar tiempo de calidad con tus seres queridos o cualquier actividad que te ayude a recargar energías. El cuidado personal te ayudará a mantenerte positivo y enfrentar los desafíos con más claridad y flexibilidad.

## Mantener una actitud positiva

Desarrolla una actitud positiva hacia los obstáculos y fracasos. No los veas como fracasos definitivos, sino concéntrese en las lecciones y el crecimiento que puede aprender de ellos. Incluso en los momentos más difíciles, mantén una mente optimista y busca oportunidades. Recuerda que los obstáculos son temporales y cada desafío que superes te acercará a tu meta.

## Aprender de los demás

Mira a aquellos que han superado obstáculos similares o se han enfrentado a reveses en sus vidas. Lee biografías inspiradoras o busca historias de éxito en línea. Aprende de sus experiencias y estrategias para superar la adversidad. Esto generará ideas y nuevas perspectivas que podrás aplicar a tu situación.

## Sigue adelante por más difícil que parezca

La perseverancia es la clave para superar los obstáculos y reveses de la vida. Incluso ante grandes dificultades, mantente fuerte y sigue adelante. Recuerda que cada paso adelante, por pequeño que sea, siempre te fortalecerá. Aprende a ser paciente y sigue intentándolo, confía que eventualmente superarás los desafíos que se presenten en tu camino.

## Pasos para la resistencia

¿Por qué algunas personas perseveran y se vuelven más fuertes frente a la adversidad, mientras que otras se derrumban y nunca se recuperan por completo, incluso años después? ¿Cómo aprenden a "sobrevivir"?

Muchas personas, cuando se enfrentan a pruebas difíciles, sienten que no son lo suficientemente fuertes para soportarlas. A menudo los escuchas decir: "Sí, ella lo superó, ella era fuerte, pero yo no puedo". De hecho, la idea de que alguien nace con un alto nivel de estabilidad psicológica simplemente no es cierta. Aquellos que pueden hacer frente con seguridad a los fracasos, las crisis dolorosas y otros golpes del destino no nacen con un carácter fuerte y una voluntad de acero: lo construyen. Esa actitud está en cada uno de nosotros. Los psicólogos definen la resiliencia como la capacidad de recuperarse de los contratiempos y adaptarse fácilmente al cambio. Esta cualidad puede y debe ser cultivada, y los siguientes pasos te ayudarán a lograrlo.

### 1. Mantén una relación sana

No importa quién sea: familiares, amigos o conocidos en grupos de apoyo a los que les compartes tus problemas. Es importante que la comunicación se base en la confianza mutua, el cuidado y el deseo de ayudarse mutuamente.

Hablar del problema ayuda a comprender que no somos los únicos que enfrentamos dificultades, cosas similares han pasado o están pasando en la vida de los demás. Cuando sabemos que podemos confiar en nuestros seres queridos, surge una sensación de seguridad y aumenta el nivel de resiliencia mental.

## 2. Para enfrentar los desafíos de la vida

No niegues lo que está pasando. Día a día, paso a paso, haz tu mejor esfuerzo para superar las dificultades.

## 3. Debes creer que el problema se puede resolver

No podemos controlar todo, pero ciertamente podemos controlar nuestras reacciones. Elógiate por los pasos que ha dado para superar una situación difícil o una crisis. Dite "Puedo resolver este problema". Recuerda victorias pasadas: seguro, has tenido algunas cosas desagradables en tu vida con las que supiste lidiar, no tiene porqué ser diferente ahora.

Piensa en ti mismo como un solucionador de problemas. Deja que los momentos difíciles sean una oportunidad para probártelo a ti mismo.

## 4. Desarrollar habilidades para resolver problemas

No permitas que los problemas que parecen insuperables a primera vista te desanimen. Piensa en lo que puedes hacer ahora para comenzar a abordar la situación. Haz una lista de las opciones, pero no intentes encontrar la solución perfecta que cumpla con todos los criterios, solo haz una lluvia de ideas.

Al completar la lista, describe cada cosa en detalle: qué harías exactamente en esta situación, por dónde empezarías, cuáles podrían ser las consecuencias. Elige la opción más realista y empieza. Si no funciona, elige otro. Este enfoque puede parecer trivial, pero su efectividad te sorprenderá.

## 5. Comportamiento

En lugar de procrastinar o haraganear, da un paso adelante. Divide el plan en pequeños pasos para que no parezca complicado e imposible. Empieza desde lo pequeño. No te preocupes por el mañana, vive el presente. Mírate a ti mismo no como una víctima, sino como un guerrero estoico e inquebrantable.

## 6. Aceptar el cambio como parte de la vida

Con el tiempo, algunos de nuestros preciados sueños y planes pueden volverse poco realistas. Me duele admitirlo. Pero en lugar de arrepentirte de algo que no se hizo realidad, concentra tu energía en otras cosas que puedas hacer ahora o en el futuro.

"Cuando una puerta se cierra, otra se abre. Pero miramos tanto tiempo las puertas cerradas, por desgracia, que no sabemos lo que nos muestran las abiertas", esta cita de Alexander Graham Bell se adapta mejor a la situación. Practica la flexibilidad y el enfoque con una nueva habilidad para ver los eventos en perspectiva.

## 7. Acepta los sentimientos negativos

Nadie nace con la promesa de que la vida siempre será fácil y feliz. Permítete sentir toda la gama de emociones. Uno de los signos de una alta estabilidad psicológica es la capacidad de empatizar contigo mismo y aceptar los momentos de tristeza, ira, miedo y ansiedad. Estos sentimientos son naturales. No nos detenemos en ellos, pero tampoco los negamos: experimentándolos, aprendemos a vivir con la vida.

## 8. Mantener el control interno

Las personas con alta estabilidad psicológica creen en lo que hacen. Son responsables de sus actos y de sus consecuencias. Por otro lado, aquellos que se enfocan en el control externo culpan a otras personas o al medio ambiente por sus fallas. Esta forma de vida conduce a la frustración, la decepción y la asfixia. Cada elección afecta el curso de los acontecimientos, por lo que es hora de asumir la responsabilidad.

## 9. Piensa en cómo te ayudará la lucha constante

Superando las dificultades, nos desarrollamos y crecemos. Las circunstancias afectan diferentes cualidades en una persona: algunos desarrollan autocompasión, otros se enfocan en la eficiencia. ¿Quizás por eso has aprendido a apreciar más la vida? Pregúntate: "¿Qué me ha enseñado esta situación?" Aunque ahora parezca increíble, en el futuro podrás estar agradecido por lo que te convertiste después de superarlo.

## 10. Mira bien el problema

Responde adecuadamente a las situaciones difíciles: si un pequeño problema te parece catastrófico, trata de ver la situación de manera diferente. Pregúntate: "¿Me importará esto dentro de cinco años?", "Esta pérdida, ¿no me estará abriendo nuevas y mejores oportunidades?". Si tomas a las experiencias como innecesarias, pueden llegar a deprimirte y afectar tu capacidad para resolver problemas.

## 11. Mirar al futuro con esperanza

Trata de mantener una perspectiva optimista y realista. Imagina la mejor situación, no la más oscura. El optimismo no significa ignorar los problemas o tomar las cosas a la ligera. Significa confiar en que todo saldrá bien al final.

## 12. Cuídate

Los tiempos difíciles son más fáciles de sobrevivir si estás física y emocionalmente saludable. Hay una razón por la cual los expertos recomiendan una dieta saludable, dormir, hacer ejercicio y descansar. Para algunos, la meditación o la oración pueden ayudar con el estrés, mientras que, para otros, puede ser jugar con mascotas, dar un paseo por la naturaleza o pasar una noche con amigos. Haz cosas que te hagan feliz y te ayuden a relajarte.

## 13. Encuentra un equilibrio entre la ayuda externa y tus propios recursos.

No hay nada de malo en pedir ayuda en tiempos difíciles. Pero confiar completamente en los demás y volvernos dependientes de ellos nos impide aprender a lidiar con los problemas.

## 14. Di no a la autodestrucción

El alcohol, las drogas, los juegos de azar, el comer en exceso no ayudarán con el problema. Al usar esta táctica, solo estamos fingiendo temporalmente que no hay problema. De hecho, las dificultades no sólo continúan, sino que se agravan ya que se asocian con otras actitudes tóxicas: la drogadicción, los problemas de salud y económicos también van de la mano.

## 15. Establece metas a corto y largo plazo

Las dificultades serán más fáciles de superar si haces que cada día sea significativo. En algunos casos, incluso puedes usar tu experiencia para ayudar a otros que lo necesiten.

Desarrollar resiliencia requiere trabajar en uno mismo y cambiar muchos hábitos. Pero solo la adversidad te hace más fuerte.

Superar obstáculos y contratiempos en la vida no es fácil, pero es posible si aplicamos las estrategias adecuadas. Al cambiar nuestra perspectiva, abrazar nuestras emociones, aprender de las experiencias, buscar apoyo, enfocarnos en soluciones y mantener una mentalidad de crecimiento, podemos convertir los desafíos en oportunidades de crecimiento y alcanzar nuevos niveles de éxito y satisfacción personal. Recuerda que los obstáculos y contratiempos no definen quiénes somos, sino cómo los enfrentamos y los superamos.

# Capítulo 4
# Establecimiento de metas efectivas

El establecimiento efectivo de objetivos es una habilidad esencial para el éxito y un sentido de realización personal. Las metas nos dan dirección, enfoque y motivación para lograr nuestros sueños y aspiraciones. Pero el proceso de establecer metas es más que solo querer algo: implica un enfoque estratégico y deliberado. En este capítulo, exploraremos cómo establecer metas efectivas que sean realistas, alcanzables y significativas, y cómo convertirlas en herramientas poderosas para el crecimiento y el éxito en todas las áreas de tu vida.

## Define tu visión

Antes de establecer metas, es muy importante que tengas una visión clara de lo que quieres lograr. Pregúntate: ¿Qué es lo que realmente quiero en la vida? Define tus sueños y deseos con detalles específicos. Imagina cómo será tu vida cuando alcances tus objetivos. Una visión clara proporcionará el ímpetu y la dirección necesaria para tu proceso de establecimiento de objetivos.

## Establecer objetivos inteligentes

Los objetivos inteligentes son específicos, medibles, alcanzables, relevantes y limitados en el tiempo. Con este enfoque, asegúrate de que tus objetivos sean específicos y concretos. Mide tu progreso y asegúrate de que sea alcanzable, evita ponerte metas poco realistas que te desmotivarán si no las alcanzas. Asegúrate de que la meta esté alineada con tus valores y metas más grandes, y establece un marco de tiempo para lograrlo.

## Divide tus objetivos en pasos alcanzables

Una vez que hayas determinado tu objetivo final, divídelo en pasos más pequeños y alcanzables. Estos hitos te ayudarán a medir tu progreso, te permitirán hacer las modificaciones necesarias, y te ayudarán a alcanzar pequeñas metas en el camino. A medida que completas cada paso, ganas confianza y motivación para continuar alcanzando los objetivos finales.

## Mantener una actitud positiva

Sé positivo y optimista acerca de tus metas. Concéntrate en lo que puedes lograr y cómo tus esfuerzos te acercarán a tu visión. Evita ser retenido por obstáculos y contratiempos temporales. Visualiza el éxito y concéntrate en el resultado positivo.

## Flexible y adaptable

Si bien es importante tener objetivos claros, también es importante ser flexible y estar abierto al cambio. La vida puede presentar desafíos inesperados y es posible que debas ajustar tus objetivos a las nuevas circunstancias. Aprende a adaptarte sin perder de vista tu panorama general.

## Celebra tus logros

Cuando alcances cada una de tus metas (aunque sean pequeñas), celebra cada logro. Reconoce tu progreso y recompensa tus esfuerzos. Una celebración te dará una motivación extra para seguir trabajando hacia tus metas más grandes y ambiciosas, y te recordará que estás en el camino correcto.

## Revisión y ajuste periódicos

Revisa tus metas regularmente y mide tu progreso. Ajusta tus objetivos según sea necesario. La auto-reflexión y la revisión te mantendrán enfocado y al día con tus objetivos a lo largo del tiempo.

El establecimiento efectivo de objetivos es una habilidad poderosa que puede impulsarte hacia el éxito y la realización personal. Al seguir estos pasos, podrás establecer objetivos claros, medibles y alcanzables que te motivarán a hacer lo mejor posible y te acercarán a tu visión de vida. Recuerda que el establecimiento efectivo de objetivos no es solo un evento de una sola vez, sino un proceso continuo de crecimiento y adaptación.

## Cómo elegir una técnica de fijación de objetivos

No existe un enfoque único para el establecimiento de objetivos porque no existen objetivos universales. Por ejemplo, una meta para "aumentar los ingresos" puede clasificarse como una meta financiera, pero si asciendes en la escala profesional para lograr esa meta, esa meta se convierte en una meta profesional. Si solo deseas compartir tus pensamientos con el mundo, el objetivo de "iniciar un blog" cae en la categoría personal. Si piensas en los blogs como una forma de ganar dinero, entonces el objetivo se vuelve financiero. Si necesitas un blog para mejorar tus habilidades de escritura, tu objetivo es profesional.

Las características del objetivo determinan la elección de los métodos de trabajo. Es importante tener en cuenta las características individuales. ¿Prefieres planes detallados y claros o prefieres flexibilidad? ¿Es el resultado o el proceso lo que te importa? ¿Tienes una visión clara a largo plazo o prefieres tareas tácticas? Las respuestas a estas preguntas te ayudarán a elegir la técnica correcta para establecer objetivos. Entre ellos se encuentran:

### 1. Método de Lock y Latham

¿Para quién es y con qué propósito? Los objetivos tienen resultados concretos y medibles en cualquier ámbito, especialmente en la formación y el desarrollo personal. Este método es para los que les gusta centrarse en el proceso.

Edwin Locke y Harry Latham han estudiado académicamente el establecimiento de metas durante 35 años. Para fijar metas según este método debes:

- Ser lo más claro posible;
- Visualiza qué cambios te gustaría hacer en tu vida y en qué período de tiempo;
- Incluye criterios de consecución de objetivos en la formulación.
- Si buscas objetivos financieros, la redacción podría ser: "Quiero ganar cinco mil dólares en dos meses". Una vez que tengas el objetivo, puedes trabajar en diferentes direcciones: dividirlo en tareas, seguirlo, ajustarlo. Establecer la hora exacta de aplicación ayudará a lograr el objetivo más rápido, según los autores del método.
- Establece una meta que requiera esfuerzo. De acuerdo con este criterio, la opción "Quiero ganar $5 mil en dos meses" no es adecuada para una persona con un ingreso mensual de $2.500, porque la meta en este caso es claramente alcanzable. Una tarea difícil pero alcanzable aumentará la eficiencia de tus acciones. Según los autores de la técnica, las mejores metas son aquellas que son desafiantes. Cuanto más difícil sea la tarea, más esfuerzo pondrás en ella y más satisfacción sentirás cuando completes tu plan.

Las actividades planificadas deberían animarte. Si lo haces porque lo amas y realmente quieres hacerlo, entonces tienes la motivación y el impulso para lograr tus objetivos correctamente. Si una actividad solo está en el plan porque sientes que debe hacerse, probablemente sea mejor dejarla y buscar otras opciones.

## 2. El método Brian Tracy

¿Para quién es y con qué propósito? Se utiliza mejor para fines financieros y comerciales, así como para la salud y el desarrollo personal. Este enfoque atraerá a aquellos que están orientados a los resultados y disfrutan de una planificación detallada. Esta técnica tiene dos puntos principales:

- Visualización, es decir, presentación de la imagen en el lugar donde se logra el objetivo;
- Fuerte deseo de lograr resultados como motivación para establecer metas.

Anota tu objetivo y conviértelo según la siguiente fórmula: "Ganaré un millón de dólares" → "Gané un millón de dólares".

Los siguientes principios ayudarán aquí:

- Formular los resultados esperados de forma lógica. Analiza cuánto dinero estás ganando ahora y cuáles son las perspectivas de aumentar tus ingresos. Tal vez una cantidad diferente sea más realista en tu caso.

- Utiliza el criterio de "24 horas" para elegir dónde quieres invertir más energía. Imagina que puedes lograr uno de estos objetivos en las próximas 24 horas. Cualquiera que elijas hará la mayor diferencia y mejorará tu vida.

- Para fortalecer tu intención, complementa tu meta con 20-30 beneficios asociados con el logro de la misma. Por ejemplo, si ganas un millón, puede viajar por Europa, comprar autos lujosos y salir a cenar todas las noches.

Establecer metas manualmente en papel es importante. Para lograr con precisión tu objetivo, necesitas una fecha límite estricta: "Quiero ganar $ 100 mil antes del 10 de septiembre".

La técnica de Brian Tracy es conocida por el cuidadoso estudio de los pasos y la atención al detalle. Una vez que tengas tus objetivos, haz una lista de 100 a 200 elementos. Esto incluye obstáculos, conocimientos necesarios, recursos y nombres de personas que pueden ayudarte a lograr tus objetivos. La lista final se divide en cuatro categorías en orden de importancia. Tracy recomienda usar las letras AD, donde A representa tareas críticas y D representa tareas no críticas.

Dentro de cada categoría, haz otra clasificación y organiza las tareas en orden de prioridad. Por ejemplo, la tarea clave para la meta de $100 mil podría ser "obtener una profesión bien remunerada", entrará en la categoría A. Si no ganas mucho donde vives ahora, esto es un obstáculo. Entonces "mudarse a una gran ciudad" también es una tarea para la lista A. Decide cuál es tu prioridad y pon este elemento primero. La tarea "comprar una billetera hermosa" claramente no está entre las más importantes y va a la categoría D. En el medio, las tareas "aprender sobre opciones de ingresos pasivos" (categoría B) y "leer un libro con historias de éxito" (categoría C) se la puede ubicar.

Después de todas las manipulaciones, obtienes algo como este plan:

1. Consigue una profesión bien remunerada
2. Múdate a una gran ciudad

3. Infórmate sobre las opciones de ingresos pasivos

...

72. Lee un libro con casos de éxito

...

100. Compra una billetera hermosa

Para lograr el éxito con el Método Tracy, realiza al menos una acción cada día hacia tu objetivo. Comienza con las tareas de la categoría A, y solo cuando las haya completado todas, pasa a la categoría B, y así sucesivamente

## 3. El método Mark Allen

¿Para quién es y con qué propósito? Si el objetivo no se puede formular de manera clara y concreta, se puede utilizar el método de Mark Allen. Esta técnica es adecuada para aquellos que quieren lograr un plan de acción a largo plazo. Mark Allen, autor de más de una docena de libros sobre el éxito, recomienda empezar a alcanzar tus metas con el concepto de éxito personal. El lugar principal en este concepto es la autoimagen:

- Describe tu imagen ideal en la vida;
- Longitud de la descripción reducida a una página;
- Reescribe el texto muchas veces hasta que finalmente decidas que esta es la vida con la que sueñas.
- Cuando la descripción de la selfie cumpla con los criterios, comienza a usarla:
- Analiza los conceptos y destaca las áreas de tu vida que quieres mejorar. - Identifica las áreas en las que necesitas mejorar y escribe estos objetivos en forma de afirmaciones positivas. Ejemplo: "Gano $5,000 al mes". Para practicar la técnica de Mark Allen bastan entre 7 y 10 objetivos principales.

Planifica tus objetivos de acuerdo con un plan: lista de acciones del próximo año → lista de acciones del próximo mes → lista de acciones de la próxima semana.

Aclara la redacción de los 7-10 objetivos en oraciones cortas con palabras simples y comprensibles. En la terminología del autor, esto es "convertir las metas en ideas fijas". Para lograr una meta, sigue pensando en ella. Escribe tu "solución a la idea" y cuelga volantes alrededor del apartamento con ellas. Repite el objetivo regularmente y concéntrate en él. El autor no recomienda profundizar demasiado en los resultados, ni recomienda un análisis detallado de cómo van las cosas por dominio y por meta. Dado que el logro de metas implica transformar el yo actual en una autoimagen ideal, se pone especial énfasis en el desarrollo de las cualidades personales.

Por ejemplo, sobre la confianza en uno mismo, la creatividad, la capacidad de hablar en público. Agrega objetivos relevantes a tu plan con la redacción correcta ("Tengo confianza", "Pienso creativamente", "No tengo miedo de hablar frente a una audiencia") y escríbelos como cualquier otro contenido.

## Cómo elegir la tecnología adecuada

Si te gusta medirlo todo, sumergirte en el proceso y quieres alcanzar el éxito en el aprendizaje y el autodesarrollo, consulta el método Locke y Latham.

Para obtener objetivos financieros y profesionales detallados con el máximo enfoque en los resultados, prueba el Método Brian Tracy.

Si te resulta difícil formular una meta, pero no te importa crear un concepto del Yo futuro, presta atención al método de Mark Allen.

# Capítulo 5
## La disciplina y el hábito

La disciplina y el hábito son dos elementos esenciales y cruciales para el éxito y el crecimiento personal. A menudo admiramos a las personas exitosas y productivas sin entender completamente cómo llegaron a donde están hoy. La respuesta está en la disciplina y la capacidad de desarrollar hábitos positivos constantes. En este capítulo, exploramos su importancia, así como estrategias efectivas para cultivarlas y aprovechar su poder transformador en todas las áreas de nuestras vidas.

### Disciplina: un puente hacia el logro

La disciplina es la capacidad de tomar acciones consistentes y concentrarse frente a distracciones o situaciones difíciles. Esto nos permite seguir trabajando incluso cuando se acaba el motor original de la motivación. La disciplina nos ayuda a establecer metas claras, perseverar y tomar decisiones informadas que se alineen con nuestros valores. Con disciplina, podemos vencer la resistencia y lograr el éxito a largo plazo.

### Desarrollo de la disciplina

La disciplina no es algo con lo que se nace, sino una habilidad que se puede desarrollar y fortalecer. Algunas estrategias para desarrollarla incluyen establecer metas claras y específicas, desarrollar planes de acción detallados, establecer límites y apegarse a un horario o rutina. También es importante practicar el autocontrol y evitar la procrastinación (retrasar la acción), y rodearse de personas y situaciones que promuevan la autodisciplina.

## La fuerza de la costumbre

Los hábitos son comportamientos automáticos que realizamos de manera regular y repetida. Los hábitos positivos son esenciales para el éxito y el crecimiento personal porque nos permiten ser más productivos, mantener la energía mental y promover el desarrollo continuo. Los hábitos pueden variar desde pequeñas rutinas diarias hasta patrones más amplios de pensamiento y acción. Son los cimientos sobre los que construimos nuestra vida.

## Desarrollo de hábitos positivos

Desarrollar hábitos positivos requiere enfoque y persistencia. Comienza por identificar los comportamientos que deseas incorporar a tu vida y recuerda los motivos que te impulsan a realizar esas acciones. Es importante comenzar con pequeños cambios y ser consistente en tu práctica. La repetición y la constancia son las claves para establecer nuevos hábitos en tu vida.

## Eliminar las malas costumbres

Así como es importante desarrollar hábitos positivos, también lo es identificar y romper los hábitos negativos que nos limitan o nos impiden crecer. Se necesita confianza en uno mismo y determinación. Identifica los desencadenantes de los hábitos negativos y encuentra alternativas más saludables y productivas. Busca apoyo y mantén la disciplina para superar los obstáculos, reemplazando los viejos hábitos por otros nuevos y positivos.

## La persistencia es la clave del éxito.

Tanto la disciplina como el hábito requieren persistencia para lograr resultados significativos. El éxito no se logra de la noche a la mañana, sino que requiere un esfuerzo persistente y constante. Concéntrate en objetivos a largo plazo y no te desanimes por los contratiempos o los días difíciles. Fomenta la autodisciplina. Recuerda que cada pequeño paso adelante es importante y te acerca a tu objetivo.

Si quieres hacer algo, hay dos formas de hacerlo:

**La primera opción**, la más común y en su mayoría contraproducente, es tratar de motivarte a ti mismo.

**La segunda opción**, muy impopular pero absolutamente correcta, es la educación disciplinaria. Este es uno de esos casos en los que una perspectiva diferente produce buenos resultados inmediatos. Hay muy pocos usos del término "cambio de paradigma" que sean verdaderamente válidos, pero este es uno de ellos. ¿cuál es la diferencia?

En términos generales, la motivación surge de la falsa suposición de que se requiere cierto estado mental o emocional para completar una tarea. Pero es parcialmente inválido.

La disciplina, por otro lado, separa las funciones externas de los sentimientos y las emociones, y así, irónicamente, pasa por alto los problemas y los mejora gradualmente. Las implicaciones son enormes.

La resolución exitosa de problemas crea los estados internos que los procrastinadores crónicos creen que son necesarios para comenzar a resolver problemas. En resumen, no tienes que esperar a estar en forma olímpica para empezar a entrenar. Entrar en modo olímpico requiere entrenamiento. Esperar el estado de ánimo adecuado puede convertirse en una forma especialmente insidiosa de procrastinación cuando tus acciones están impulsadas por la emoción.

Si esperas hasta que sientas la necesidad de actuar, permanecerás apático. Así nace el temido embudo de procrastinación.

Básicamente, la motivación para luchar por algo es una fantasía infantil de que solo debemos hacer lo que nos gusta. Entonces, desde un punto de vista motivacional, la pregunta puede formularse así: "¿Cómo puedo lograr que yo mismo quiera hacer lo que racionalmente decidí hacer?"; pero de esta manera entramos en un callejón sin salida

La verdadera pregunta es: "¿Cómo puedo hacer que mis sentimientos sean irrelevantes, y que conscientemente haga lo que quiero sin pensar?"

El objetivo es romper el vínculo entre sentimientos y acciones. Después de eso te sentirás bien, serás rápido, enérgico y activo. La motivación es el camino equivocado. Estoy 100% seguro de que esta desinformación es la razón detrás de la popularidad de mirar la televisión desde el sofá, sabiendo que hay obligaciones a la espera.

También hay problemas psicológicos con la adicción a la motivación.

Debido a que la vida real en el mundo real a veces obliga a las personas a hacer cosas que a nadie en su sano juicio le apasionan, la "motivación" puede enfrentar obstáculos insuperables cuando se trata de generar entusiasmo por cosas que objetivamente no valen la pena. Así que la única opción, aparte de no hacer nada, es obligar a la gente a abandonar su sentido común.

El deseo de generar entusiasmo por acciones básicamente insípidas y que destruyen el alma es literalmente una forma de trauma psicológico deliberado para uno mismo, locura autoimpuesta: "Estoy apasionado en ir a pagar mis deudas al banco. No veo la hora de encerrarme a limpiar la casa y no salir por una semana".

No creo que una forma leve de locura provocada en una persona por sí misma sea el impulsor óptimo de la actividad humana. La reacción del timo a través de manifestaciones de depresión es inevitable, ya que el cerebro humano no tolerará el abuso de sí mismo indefinidamente. Hay tapones y válvulas de seguridad. Hay un legado hormonal que se extiende desde el pasado.

Lo más frustrante que puede pasar es lograr el éxito con el mensaje inicial equivocado. Este éxito será sólo por un corto tiempo. El mejor de los casos es mantener la cordura, lo que desafortunadamente a menudo se malinterpreta como un fracaso moral: "Todavía no me gusta mi trabajo sin sentido cambiando papeles, estoy haciendo algo mal". "Sigo prefiriendo el pastel al brócoli y no puedo perder peso; tal vez solo soy una persona débil". "Debería comprar otro libro sobre motivación". Es un error crítico incluso considerar este problema desde la posición de la motivación o su ausencia. La respuesta es: "¡Disciplina! ¡No motivación!

Hay otro problema práctico con la motivación. Tiene una vida útil pequeña, necesita una actualización constante.

La motivación se puede comparar con girar manualmente la manivela de un motor. En el mejor de los casos, almacena y transforma la energía para un propósito específico. Hay situaciones (por regla general, una sola vez) en las que se necesita, y en las que la recepción proactiva de una cantidad gigantesca de energía psíquica y espiritual es el mejor curso de acción. Me vienen a la mente los Juegos Olímpicos y las fugas de prisión. Pero es una base terrible para el funcionamiento diario regular y resultados consistentes a largo plazo.

Por el contrario, la disciplina es como un motor que, una vez en marcha, entrega energía de manera constante en el sistema.

La productividad no requiere ningún estado mental especial. Desde una posición de resultados consistentes a largo plazo, la disciplina vence a la motivación por completo y en todo.

En general, la motivación trata de crear un deseo de actuar. La disciplina anima a la acción, incluso si no hay deseo. Los buenos sentimientos vendrán después.

La disciplina es un sistema, mientras que la motivación es análoga a las metas. Aquí hay simetría. La disciplina es más o menos autosuficiente y permanente, mientras que la motivación es un fenómeno relámpago.


**¿Cómo desarrollar la disciplina?**

**Desarrollando hábitos**. Comenzando con lo más pequeño que puedas manejar, incluso microscópico, y ganando impulso, reinvirtiendo el resultado en cambios cada vez más grandes en tu vida diaria, creando un ciclo de retroalimentación positiva.

La motivación es una relación sin salida con el desempeño. ¡Lo principal es la disciplina!

La disciplina y el hábito son dos elementos fundamentales que nos permiten alcanzar el éxito y el crecimiento personal. Cultivar la disciplina requiere de enfoque, autodisciplina y práctica constante. Por otro lado, desarrollar hábitos positivos nos ayuda a automatizar comportamientos mejorados que nos llevan hacia nuestras metas. Al combinar la disciplina con la creación de hábitos positivos, podemos impulsar nuestro potencial al máximo y lograr resultados duraderos. Recuerda que el cambio requiere tiempo, pero con determinación y consistencia, puedes transformar tu vida y alcanzar el éxito que deseas.

# Capítulo 6
## Inspiración y motivación

En el capítulo anterior pusimos por delante a la disciplina por encima de la motivación. Ahora, veremos la importancia de esta última.

El camino al éxito está lleno de desafíos y obstáculos. En esos tiempos difíciles, la inspiración y la motivación serán fundamentales para mantenerte enfocado, superar las dificultades y alcanzar tus metas. La inspiración nos da una visión clara de lo que queremos lograr, mientras que la motivación nos anima a tomar acción y perseverar ante la adversidad. En este apartado, exploraremos la importancia de la inspiración y la motivación en el camino hacia el éxito y cómo cultivar y utilizar estas poderosas fuerzas para lograr nuestras más altas aspiraciones.

**Inspiración: Enciende tu chispa interior**

La inspiración es el proceso de ser influenciado o estimulado por algo o alguien para producir una nueva idea, método o perspectiva. Es la chispa interior que nos impulsa a perseguir nuestros sueños y metas. La inspiración puede provenir de una variedad de fuentes, como personas exitosas, historias de éxito, experiencias personales importantes o la belleza del mundo que te rodea. La inspiración nos da una visión fuerte y nos motiva a tomar acción. Aunque por sí misma, no es garantía de éxito

## Encontrar inspiración

Estar abierto a nuevas experiencias y perspectivas es esencial para lograr inspirarse. Leer libros inspiradores, escuchar historias de éxito, asistir a conferencias o charlas motivacionales, salir con personas positivas y creativas y conectarse con la naturaleza son formas en las que encontramos inspiración. Reflexionar sobre nuestras propias pasiones, valores y propósitos en la vida también es útil, ya que puede desencadenar nuestra inspiración interior.

## Motivación: el deseo de actuar

La motivación es lo que nos impulsa a tomar acción y perseverar en el logro de nuestras metas. La energía interior nos ayuda a superar los obstáculos y mantener la concentración incluso en los momentos más difíciles. La motivación puede ser intrínseca, es decir, de nuestro propio entusiasmo y deseo de lograr metas, o extrínseca, a través de recompensas o reconocimientos externos. Ambos tipos de motivación son importantes y pueden coexistir para impulsarnos hacia el éxito. Aunque debes recordar que para lograr un éxito sostenible en el tiempo no se trata solo de motivación, sino de disciplina, como vimos en el capítulo anterior.

## Desarrollo de la motivación interna

La motivación intrínseca es esencial para el éxito de las metas. Algunas estrategias para cultivarlo incluyen establecer metas claras y significativas, visualizar los éxitos y beneficios que obtendremos al alcanzarlas, desglosar las metas en tareas manejables y alcanzables, y celebrar los logros a lo largo del camino. También es importante mantener una actitud positiva y recordar nuestras pasiones y metas internas.

## Superación de retos y falta de motivación

Inevitablemente habrá momentos de desafío y falta de motivación en el camino hacia el éxito. A veces es importante recordar nuestros objetivos y por qué los perseguimos en primer lugar. Buscar el apoyo de personas que nos motiven, practicar la automotivación, visualizar y repetir afirmaciones positivas y centrarnos en pequeños pasos y logros puede ayudarnos a superar estos obstáculos y encontrar una nueva motivación.

## Estrategia

La inspiración y la motivación son dinámicas que requieren un constante mantenimiento y renovación. Es importante rodearte de un entorno que te inspire y motive, de personas que compartan tus valores y objetivos, y nutrir tu cuerpo y tu mente con hábitos saludables. A medida que evolucionamos, la autoconciencia, la autorreflexión y la adaptación también son esenciales para mantener encendida la llama de la inspiración y la motivación en el camino hacia el éxito.

Cada uno de nosotros ha escuchado, la frase "No estoy motivado" más de una vez. Cada uno interpreta esta palabra de manera diferente y al mismo tiempo a su manera. Para alguien, la motivación y la inspiración llega antes del evento, para otros durante el trabajo ya realizado, y para alguien más, simplemente "no se presenta".

¿Por qué la gente dice que no tiene la motivación o la inspiración para lograr sus deseos y alcanzar sus metas?

Este fenómeno es causado por muchas razones:

## • No es un objetivo particularmente deseable

No todo el mundo establece metas; incluso a veces no es fácil saber lo que quiere una persona. Es más fácil "tomar prestadas" las metas de los conocidos, o es más fácil ayudar a otros a lograrlas, por lo que no debe sorprender que nada suceda en la propia vida... Las metas deseables crean entusiasmo y, por cierto, no solo para el anfitrión, sino también el entorno inmediato se beneficia.

## • Las personas temen al triunfo y por eso se auto-sabotean

Recientemente, el concepto de "sabotaje" o "autosabotaje" se ha vuelto común, aunque el significado de esta palabra está poco claro ... Pero la verdad es que existen personas, por ejemplo, que tienen una idea de negocio y comienzan a invertir en ella, pero nunca la llevan a cabo, centrándose en capacitarse o de juntar dinero, eternamente, posponiendo la puesta en marcha de la idea, porque temen asumir la responsabilidad. Prefieren quedarse en los preparativos, que menos ansiedad le producen. Por lo tanto, no en vano dicen: "Lo que posponemos y tenemos miedo de hacer, debe hacerse primero". Y no creas que solo se da en los negocios, cuántas veces has visto a un enamorado quedarse en la zona de "amigos" por temor a declarar su amor y temer el minuto después.

### • **Miedo a salir de la zona de confort**
La zona de confort es un lugar de donde nadie quiere salir, pero se sabe que para triunfar es necesario hacerlo. Salir del lugar en donde nos sentimos seguros da miedo, ya que el cambio, lo inesperado, lo que no sabemos si podremos manejar, está del otro lado.

Alguien dijo una vez que, si una persona puede imaginar un objetivo deseado, entonces ya posee un recurso para lograrlo. Hay algo de verdad en esta afirmación.

¿Dónde está el lugar mágico para la motivación, la inspiración y el deseo de alcanzar tus metas con confianza?

Lo creas o no, ¡no existe tal lugar! Toda la respuesta a este rompecabezas se encuentra en nuestros pensamientos y sentimientos. No es de extrañar que sea muy importante para un ser humano ser un ser racional, y a la vez, capaz de sentir sus emociones. Encontrar la motivación requiere trabajo: usar tu cerebro y comprender cómo te sientes. ¿Cómo haces eso?

- Se sabe que además de la conciencia, que solo registra parte de la realidad, una persona también tiene una mente subconsciente que siempre funciona y que hay que saber aprovechar, por lo que solo hay que preguntarse: "¿Qué trabajo quiero conseguir?", "¿Qué quiero llegar a ser?", "¿Qué hacer en esa u otra situación? Y luego escucharse a uno mismo y a nuestros sentimientos.

- Los sentimientos nos ayudan a ser una persona completa, es decir, a percibir todo, no solo a través del análisis, sino también a través de la intuición.

Como ves, no hace falta ir muy lejos, porque tanto la motivación como la inspiración están cerca, en nosotros mismos. Solo tienes que darte la oportunidad de estar en contacto contigo mismo y encontrar esas ganas de seguir adelante.

## ¿Cuál es la relación entre motivación e inspiración y cuál es la diferencia?

La inspiración es un sentimiento que surge debido a una influencia externa, mientras que la motivación es un fenómeno puramente interno que es personal para el individuo.

La motivación significa la presencia de metas; con la inspiración no hay objetivos específicos, el proceso en sí es importante. Como persona creativa, puedo decir con seguridad que la inspiración es un estado que va y viene, y no nos afecta a lo largo de nuestra vida, por mucho que la amemos. Las personas inspiradas hacen todo por amor verdadero, no por lucro. La inspiración estimula la imaginación y el deseo de capturar sensaciones.

La motivación te permite trabajar incluso con fuerza, porque solamente con el movimiento del alma no te permitirá hacer nada.

¿Qué es lo que normalmente nos impulsa? Todo está interconectado. La inspiración te hace querer hacer algo. La motivación, por otro lado, aumenta el deseo o la voluntad de hacer el trabajo.

Pero hay diferentes situaciones...

A veces, las declaraciones de las personas me INSPIRAN para escribir mis pensamientos, ¡y la MOTIVACIÓN contribuye a que aparezcan aquí!

La inspiración y la motivación son factores clave en el camino hacia el éxito. Nos darán la visión y la energía que necesitamos para lograr nuestras metas, superar desafíos y alcanzar la excelencia personal. Cultivar la inspiración y la motivación requiere una mente abierta, buscar nuevas experiencias y conectarse con nuestras pasiones y valores. Al mantener viva la llama de la inspiración y la motivación, podemos lograr un crecimiento y éxito notables en todas las áreas de nuestras vidas.

# Capítulo 7
# Procrastinación y estrés

## Cómo lidiar con la procrastinación y la pereza

"Mañana, mañana, no hoy, así lo dicen los perezosos", palabras que encuentras en una canción infantil alemana.

"Procrastinar" surge de dos palabras latinas "pro" (antes) y "crastinus" (mañana). Algunos lo llaman un signo de pereza básica, excusas de trabajo, etc. Tal vez a los ojos de una persona de voluntad fuerte, esto es en realidad una debilidad de bajo nivel. Sin embargo, el hecho es que los psicólogos de muchos países reconocen que la procrastinación está "conquistando" el mundo, y que ha adquirido las características de una verdadera enfermedad en un número creciente de urbanitas.

¿Qué lo hace tan "popular"? En este capítulo final, discutiremos qué es la procrastinación, por qué sucede y cómo lidiar con ella.

En general, el significado cotidiano de la palabra "procrastinar" se entiende como el deseo constante de una persona de aplazar todo: cosas (trabajo y familia), decisiones, etc. El término también incluye el aplazamiento práctico de un asunto que teóricamente debería hacerse ahora. Cuanto más desagradable es hacerlo, más se pospone, y en cambio se inventan cada vez más placeres, e incluso cosas que no son urgentes pero que se disfrutan.

Un ejemplo sorprendente de este fenómeno son los estudiantes (no necesariamente negligentes) que, en lugar de prepararse para los exámenes o escribir las tareas finales, se distraen con muchas tareas que de otro modo no harían fuera del período de exámenes.

En psicología, la procrastinación también significa una desviación bastante grave de la norma, es decir, una persona pospone casi todo para más tarde, incluso cosas completamente "inocentes", desde vestirse y cepillarse los dientes hasta comer. La causa de este retraso está relacionada con una dolencia psicológica, y vale la pena trabajar con quienes padecen una enfermedad grave. Pero hasta cierto punto, todos tenemos la costumbre de posponer los eventos desagradables para más tarde (recuerden a esos mismos estudiantes).

Una de las características desagradables de la procrastinación es que debido al aplazamiento constante y al incumplimiento de los planes diarios o a ciertas reglas de trabajo, conduce a la insatisfacción de una persona consigo misma, lo que solo empeora los problemas psicológicos del individuo. Otros efectos incluyen culpa crónica, estrés constante, etc. Muchas cosas que se posponen por los plazos se apresuran y, por lo tanto, no se hacen de la mejor manera posible, lo que a su vez conduce a la autocomplacencia y los otros problemas mencionados anteriormente. Como resultado, el círculo se cierra.

## ¿Cómo lidiar con la procrastinación y la pereza?

Como dicen los psicólogos, si no tienes suficiente fuerza de voluntad para abandonar un mal hábito (y en los casos más débiles, la procrastinación puede confundirse con un mal hábito), utilízala a tu favor. En general, se puede formular de la siguiente manera: averigua cómo planificar las cosas para que nadie (incluido tú mismo) adquiera el hábito de posponer las cosas para más tarde. A continuación, encontrarás algunos consejos prácticos:

Hay dos formas principales de lidiar con la procrastinación en todo el mundo. Uno se basa en una especie de autoengaño: admites que procrastinas pero dejas que funcione para ti, el otro requiere que seas honesto contigo mismo, porque quieres trabajar duro para romper el hábito de la procrastinación. Analicemos estos dos métodos con más detalle.

### • Caso 1: más fácil

Para usar el primer método, vayamos a la lista de tareas. Para adquirir el hábito de posponer las cosas, haz una lista lo más detallada posible de lo que debes hacer. Entonces piensa en lo que menos quieres. ¿Se puede aplazar? Probablemente sí, terminarías posponiéndolo de todos modos. Entonces, en lugar de hacer la tarea más desagradable, haz la segunda o tercera cosa que no te gusta. En cualquier caso, hacer algo útil es mejor que no hacer nada o hacer algo inútil.

Con un poco de práctica, posponiendo las cosas más desagradables, pero haciendo una cadena de cosas sin detenerte, aprendes a hacer todo a tiempo.

- ## Caso 2: Más eficiente

La segunda forma de superar la procrastinación es más racional. Es más eficiente, pero requiere más esfuerzo de tu parte. Se trata del siguiente principio: deshacerse de la procrastinación y lidiar con las razones por las que sucede. Por ejemplo, piensa en quién puedes acudir en busca de ayuda cuando estés preocupado de no poder hacer algo, y piensa en las recompensas por un trabajo bien hecho cuando simplemente estés aburrido.

Como dijimos, este enfoque se trata de ser honesto contigo mismo. Se trata principalmente de encontrar la verdadera razón por la que no quieres hacer algo, lo cual no siempre es fácil, especialmente cuando se trata del miedo al fracaso. Encontrar los motivadores que funcionan mejor para ti requiere la misma honestidad. Se necesita coraje para pedir ayuda a mucha gente.

A continuación, hablemos de las causas más comunes de la procrastinación y cómo evitarlas:

## Procrastinación: La razón principal

Por supuesto, todos tienen sus propias razones para postergar, pero también se pueden resaltar algunos puntos en común. Pasemos a los problemas y cuestiones más comunes.

## 1. Falta de motivación personal

No todo el mundo tiene la fuerza de voluntad para sentarse y hacer algo que no le interesa, y si eres de los que necesitan la "luz", la pasión por el logro, piensa en cómo puedes motivarte.

Si eliges una de las formas más fáciles de lidiar con la procrastinación, "Lo haré primero... y luego haré algo que me agrade", lo principal es no engañarte a ti mismo. Habiendo dicho: "Haré esto y veré un episodio de mi serie favorita", primero realmente hazlo y luego míralo. Ten en cuenta también que, para algunas personas, otra forma es más efectiva: primero haz algo agradable para ti, mejora tu estado de ánimo y luego haz cosas desagradables. No sigas los cánones (primero el almuerzo, luego los dulces), determina qué es lo mejor para ti.

## 2. Miedo al fracaso

Para algunas personas, la procrastinación se convierte en una forma inconsciente de evitar cosas del pasado que fallaron o provocaron cosas que no quieren que vuelvan a suceder. Puede parecer lógico posponer tales actividades, pero te das cuenta de que aún tienes que completar tal o cual tareá.

En este caso, lo más importante es comprender exactamente qué son los errores y por qué te molestan tanto, y decidir cómo evitar las cosas que no te gustan. Por ejemplo, si un proyecto en el trabajo falla porque no lo sabías realizar, es probable que ya lo hayas aprendido (lo mismo sucede con las relaciones amorosas). Antes de comenzar una nueva tarea, piensa o pregunta a tus colegas qué más puedes aprender.

Al mismo grupo de razones para la aparición de la procrastinación, incluimos el miedo a no hacer frente al caso o no mostrarse. El miedo tiene ojos grandes.

Ponte en marcha y verás que acertarás. Paso a paso. Y si no funciona, pide ayuda, no es vergonzoso en absoluto.

¿Los problemas surgieron porque hiciste todo a toda prisa? Cuanto más pospongas, mayores serán las posibilidades de que completes este proyecto con mucha prisa. A nadie le gusta que lo regañen y algunos reaccionan a las críticas (especialmente las no constructivas) con mucho dolor. Y si entiendes que no será posible evitar las críticas de la gerencia en cualquier caso (después de todo, las críticas no siempre están relacionadas específicamente contigo, recuerda, los jefes también son personas, con sus propios problemas), al menos suaviza la situación. Por ejemplo, en lugar de la comunicación cara a cara, cambia a la comunicación por correo electrónico. Pero, en cualquier caso, no debes darle al jefe un nuevo motivo de insatisfacción relacionado con el hecho de que en el lugar de trabajo haces de todo menos trabajar.

### 3. Lo que no me gusta hacer

¿No te gusta para nada el trabajo que haces? A diferencia de la primera sección, que trataba más sobre la apatía, esta trata sobre que no te gusta para nada lo que tienes que hacer.

No todo el mundo tiene el coraje de dar pasos drásticos (cambiar de trabajo o incluso de forma de hacer las cosas), pero en cualquier empresa puedes encontrar algunos buenos momentos, aunque parezcan pequeños, pero que te gusten. Encuéntralos y concéntrate en ellos cuando llegues al trabajo.

## 4. Falta de elección/libertad

Sobre todo, a nadie, ni siquiera en los asuntos cotidianos, y mucho menos a los trabajadores, le gusta que le "impongan condiciones". Incluso la frase "debes cepillarte los dientes dos veces al día" los inquieta. Tales cosas son ciertas desde el punto de vista de la mente ambivalente (a menudo inconscientemente). El hábito de procrastinar, demorar, aplazar ocurre solo para demostrar a los demás que "puedo hacer lo que quiera". Es cierto que tienes que apresurarte para hacer lo que tienes que hacer, pero no es bueno, así que quizás lo próximo que quieras postergar esté relacionado con la segunda razón.

Para deshacerse de este problema, es importante que te demuestres que tú mismo decidiste hacer esto o aquello. Acostúmbrate incluso mentalmente a no decir "necesito", "debo", sino "me gustaría", "quiero". También ayudará a deshacerte de los sentimientos de culpa o ansiedad si no tienes tiempo para hacer algo, porque algunas personas incluyen el trabajo de un mes en sus planes para el día y luego se enojan cuando el plan no se completa por la noche. Entonces, no "Necesito hacer este proyecto para el lunes", sino "Me gustaría hacer este proyecto para el lunes".

## 5. La procrastinación es una forma de motivarse

A ciertas personas les resulta más fácil trabajar cuando tienen poco tiempo y simplemente no pueden comprometerse a trabajar, incluso si el proyecto está lejos de ser entregado. Puede llevar mucho tiempo modificar este rasgo de carácter; de hecho, comenzará a realizar el trabajo de manera planificada y efectiva después del cambio, ya que hasta ese momento su cuerpo estaba diseñado para trabajar muy fuerte en un corto período, y no, de manera holgada con mucha anticipación.

Si te consideras esta personalidad, prepárate para dedicar el tiempo suficiente a un determinado compromiso: busca un momento en el que empieces a sentir la presión de las "X horas", pero que sea lo suficientemente bueno para la calidad. Una herramienta particularmente efectiva para ti es usar la Ley de Parkinson (que establece que el trabajo se expande hasta que llena completamente el tiempo asignado para una tarea. Esto significa que dedicas más tiempo a las tareas de lo necesario, o postergas y terminas las tareas antes de la fecha límite).

## 6. Miedo a las grandes tareas

Otra razón común es el temor de no poder completar una tarea grande. Estás tan intimidado por su tamaño que ni siquiera quieres ejecutarlo. En este caso, debes dividir una tarea grande en muchas más pequeñas y procesarlas secuencialmente. Recuerda que las pequeñas partes hacen un gran todo.

## Trucos y consejos útiles

Además de las dos formas principales anteriores de lidiar con la procrastinación, también presentaremos algunas técnicas más simples pero efectivas.

Ser capaz de obligarte a hacer algo siempre será útil. Así que ahora dedica al menos diez o quince minutos a algo desagradable y, al final, considera si quieres dedicarle el mismo tiempo o más. O convierte algo que no te gusta en tiempo de inactividad entre algunas actividades más divertidas. Algunos de esos descansos: el evento desagradable será menor. Tu motivación también aumentará, porque te darás cuenta de que has aprendido a lidiar con la procrastinación y eres capaz de domarla.

Por el contrario, para algunos es más fácil movilizarse una vez y al mismo tiempo trabajar en un trabajo que no les gusta. Estas personas están motivadas por no tener que empezar algo desagradable varias veces. Si perteneces a este tipo de personalidad, dite firmemente que harás este o aquel trabajo y, lo que es más importante, cumplirás tu palabra. También puedes empezar a prepararte para hacer algo que no quieres hacer y, una vez que empieces a prepararte, es posible que empieces a hacer algo. Una advertencia importante: esto no es una preparación moral, sino un trabajo real. Continuando con el paralelo con el estudiante, esto puede ser la búsqueda de material para el trabajo del curso o información para preparar las respuestas al examen. Verás que tal vez no es tan desagradable/difícil/aterrador, o que te atrape, y después de eso, pasa directamente a lo que llevas tanto tiempo postergando.

La procrastinación requiere tiempo y energía preciosa. Si dedicas un poco de ello a encontrar la manera más conveniente para que aprendas a resistirlo o a convivir con él, podrás planificar mejor las cosas.

## Cómo lidiar con el estrés

Una de las causas de la procrastinación está generado por el estrés en la vida diaria. Cuando hablamos de manejo del estrés, estamos hablando de ansiedad.

Los síntomas del estrés incluyen:

• Sueños interrumpidos;
• Temblores musculares (ojos, mejillas, comisuras de los labios, dedos);
• El deseo de estar inconsciente o en trance durante mucho tiempo mientras miras televisión o juegas;
• Deseo constante de dormir y uso de sustancias que alteran la mente como el alcohol;
• Disfunción de varios sistemas del cuerpo: indigestión, pérdida de apetito, irritabilidad, dolor de cabeza, disfunción sexual;
• Los resfriados ocurren con más frecuencia que una vez cada seis meses.

Si el estrés se vuelve crónico, la persona pierde la capacidad de valorarse a sí misma, tanto física como mentalmente. Quiere esconderse de la gente y del mundo, en sus pensamientos y experiencias. Este deseo de retirarse es una reacción defensiva de una persona cansada que intenta adaptarse a muchos cambios. Pero hay demasiados cambios con los que lidiar. Dependiendo del tipo de sistema nervioso, la respuesta al estrés también es diferente. Alguien se destruye a sí mismo, alguien destruye a otros, alguien evita problemas, alguien se pone histérico.

## Ejercicios antiestrés

Inhala y exhala tres veces, lenta y profundamente. Si necesitas animarte, inhala mientras cuentas hasta seis y exhala mientras cuentas hasta tres. Si estás relajado y tranquilo, haz lo contrario: inhala tres veces y exhala seis veces. Lo ideal es enfriar primero y luego despegar.

## Masaje cara y cuello

Desde la nariz a lo largo de las mejillas hasta las orejas, desde el mentón y las orejas hasta la clavícula. Masajea la frente y masajea desde el centro hacia la periferia a lo largo de las cejas. Haz esto durante siete respiraciones "calmantes" (inhala durante tres segundos, exhala durante seis segundos), seguidas de siete respiraciones "vigorosas" (inhala durante seis segundos, exhala durante tres segundos).

Estos dos ejercicios te ayudarán a calmarte cuando estés estresado, como durante un discurso público o una fecha límite. Por lo general, tres minutos son suficientes para lograr el efecto deseado. Pero si no ayuda, es mejor cancelar el concierto o posponer la fecha límite e irse a la cama. De lo contrario, existe el riesgo de sentirse mal o enfermarse.

## Prevenir el estrés

Será menos probable que experimentes estrés si:

• Comes bien y lo suficiente;

• Duermes entre las 10 p.m. y las 5 a.m. (proporciona el descanso ideal y la producción de hormonas para mantener el cerebro, el corazón y la piel jóvenes y vibrantes).

• Realizas actividades regulares, caminatas y entrenamiento funcional a corto plazo de diferentes grupos musculares;

• Te tomas un tiempo para tus actividades favoritas, caminatas en la naturaleza y lugares abiertos, por ejemplo, el mar;

• Cambias el entorno (vacaciones) dos veces al año durante al menos 14 días, preferiblemente con más frecuencia;

• Pasas tiempo con aquellos a quienes amas y aprecias;

• Practicas la meditación: Esta es una forma efectiva de rejuvenecer y despejar tu mente de pensamientos ansiosos.


## Protégete de la información negativa

La mayoría de los canales de noticias atraen a los espectadores porque evocan emociones fuertes: sorpresa y conmoción, ansiedad y miedo, ira e indignación. Cualquier emoción fuerte es siempre estrés. Las noticias sobre el coronavirus o las guerras en los últimos años han sido otra fuente de ansiedad para muchos.

Muchos pacientes en recuperación informan reacciones más lentas, problemas de pensamiento y cambios en la voluntad emocional. Si bien los efectos psicológicos y neurológicos del coronavirus no se han estudiado (hasta el momento hay pocos datos), los efectos de las malas noticias se han estudiado durante mucho tiempo. Han existido ejemplos en la historia de cientos de miles de personas que enfermaron repentinamente, teniendo todos los síntomas de la enfermedad, y lo que realmente los infectó fue la histeria colectiva. La exposición al estrés puede reducir seriamente la inmunidad.

## Falta de voluntad

El estrés y la falta de fuerza de voluntad son dos problemas comunes que enfrentan muchas personas en la vida moderna. Ambos pueden tener un gran impacto en nuestra salud física y emocional, por lo que es importante abordarlos adecuadamente para poder recuperarnos y vivir una vida más equilibrada. Aquí hay algunas estrategias que pueden ayudarte a lidiar con el estrés y recuperar su fuerza de voluntad:

**Reconoce y comprende el estrés**: El primer paso para recuperarte del estrés es reconocer y comprender su impacto en tu vida. Identifica las situaciones o circunstancias que te generan malestar y trata de entender cómo te afectan física y emocionalmente. Aumentar tu conciencia sobre el estrés te permitirá tomar medidas más efectivas para controlarlo.

**Practica técnicas de relajación**: Existen varias técnicas de relajación que pueden ayudarte a reducir el estrés, como la respiración profunda, la meditación, el yoga o el tai chi. Estas prácticas pueden calmar tu mente y cuerpo, disminuir la ansiedad y promover un estado de calma. Dedica tiempo regularmente a estas actividades para reducir los niveles de estrés.

**Establece límites y prioridades**: A menudo, la falta de voluntad surge cuando nos enfrentamos a una sobrecarga de tareas y responsabilidades. Aprende a establecer límites claros y decir "no" cuando sea necesario. Identifica tus prioridades y enfoca tu energía en las cosas que son realmente importantes para ti. Esto te ayudará a evitar la sensación de sobrecarga y recuperar la motivación.

**Cuida tu bienestar físico**: El estrés y la falta de voluntad pueden tener un impacto negativo en tu bienestar físico. Asegúrate de cuidar tu cuerpo adecuadamente, manteniendo una alimentación saludable, durmiendo lo suficiente y realizando ejercicios regulares. Estas prácticas promoverán la producción de endorfinas, las hormonas de la felicidad, y te ayudarán a aumentar tu energía y vitalidad.

**Busca apoyo social**: No tengas miedo de pedir ayuda o buscar apoyo en tu entorno social. Comparte tus sentimientos y preocupaciones con familiares, amigos o incluso un profesional de la salud mental. La conexión con los demás puede brindarte un apoyo invaluable, perspectivas diferentes y herramientas adicionales para manejar el estrés y recuperar la voluntad.

**Establece metas realistas y alcanzables**: La falta de voluntad a menudo surge cuando nos sentimos abrumados por metas o expectativas poco realistas. En lugar de ello, establece metas pequeñas y alcanzables que puedas ir cumpliendo progresivamente. Celebrar los logros, por más pequeños que sean, te dará motivación y te ayudará a recuperar la voluntad perdida.

Recuerda que cada persona es única y puede requerir enfoques diferentes para manejar el estrés y recuperar la voluntad. No dudes en adaptar estas estrategias a tus necesidades individuales y, si es necesario, buscar la ayuda de un profesional para recibir orientación adicional.

######